PETIT

… MYTHOLOGIQUE

OU

…ES ET MÉTAMORPHOSES

de la Mythologie grecque et romaine

PRÉSENTÉES EN TABLEAUX

Suivies de la description
…ues représentant des sujets mythologiques qui ornent
…dins de Versailles et des Tuileries

… UNE TABLE INDICATIVE

PAR

…E LÉVI ALVARÈS FILS

…EUR DES COURS D'ÉDUCATION MATERNELLE

Membre de la Société de Géographie, etc.

PARIS

C. BORRANI, LIBRAIRE-ÉDITEUR

RUE DES SAINTS-PÈRES, 9

PETIT MUSÉE MYTHOLOGIQUE

VERSAILLES. — IMP. CERF ET FILS, RUE DU PLESSIS, 59

PETIT
USÉE MYTHOLOGIQUE

OU

FABLES ET MÉTAMORPHOSES

DE LA MYTHOLOGIE GRECQUE ET ROMAINE

PRÉSENTÉES EN TABLEAUX

Suivi de la description
es principales statues représentant des sujets mythologiques qui ornent
les jardins de Versailles et des Tuileries

AVEC UNE TABLE INDICATIVE

PAR

THÉODORE LÉVI ALVARÈS

DIRECTEUR DES COURS D'ÉDUCATION MATERNELLE

1re PARTIE. – LES TABLEAUX

NOUVELLE ÉDITION

PARIS
C. BORRANI, LIBRAIRE-ÉDITEUR
RUE DES SAINTS-PÈRES, 9

1876

PRÉFACE

Les rapports qui unissent les symboles mythologiques aux mœurs, à l'histoire, à la religion, à la poésie échappent nécessairement aux enfants. Ils ne leur seront révélés que plus tard, par des études sérieuses sur les éléments divers de la civilisation ancienne. Un ouvrage élémentaire de mythologie doit donc se proposer seulement de recueillir les fables de la manière la plus propre à les graver dans l'esprit des jeunes étudiants.

Nous avons pensé que les présenter sous forme

de *tableaux*, c'était d'abord impressionner plus vivement, que par la narration, l'esprit des enfants, et ensuite l'initier, avec profit pour l'avenir, aux images, aux allégories, aux personnifications qui enrichissent les chefs-d'œuvre classiques de la littérature, et en général les productions des beaux-arts.

Nous avons donc, en quelque sorte, peint avec la plume les épisodes importants de la Fable chez les Grecs et chez les Romains, composant ainsi un *Petit musée mythologique.*

Il est divisé en deux parties : 1° Les *Tableaux* ou le *Musée* proprement dit ; 2° L'*Explication des tableaux.* Cette seconde partie peut être regardée comme formant un cours élémentaire de mythologie, puisque nos tableaux sont placés dans l'ordre ordinairement suivi pour le développement de l'histoire des dieux et des métamorphoses. Il nous a semblé utile d'attirer l'attention des enfants sur quelques-unes des statues qui ornent les jardins publics et dont les sujets sont empruntés à la mythologie. Des raisons de bienséance nous conseillaient nécessairement de borner notre choix. Mais telle qu'elle est, la petite description des beaux marbres des Tuileries et de Versailles, qui fait suite à nos tableaux, pourra donner un intérêt nouveau aux promenades de nos jeunes amis, et les habituer déjà à ne pas rester indifférents devant les beautés de l'art.

Quant à l'usage qu'on peut faire de notre petit livre, nous conseillons aux mères et aux professeurs de l'employer tantôt pour exciter l'enfant à apprendre, tantôt pour l'exercer sur ce qu'il a déjà appris. Dans le premier cas, on lui proposera chacun des tableaux comme une énigme dont il voudra connaître le sens. Les explications de notre *seconde partie*, les détails donnés par le maître, des lectures dans les petits traités spéciaux, donneront satisfaction à son désir de savoir et animeront à ses yeux les peintures de notre musée.

Comme exercice de récapitulation, les souvenirs remplaceront les recherches. L'élève qui aura déjà pris connaissance du fait devra, par un effort de mémoire, se rendre compte du tableau. Il nommera les personnages, justifiera leur situation, analysera leurs sentiments, et donnera le récit complet de l'action.

Ce double travail aura pour résultat certain de laisser des traces durables dans l'esprit des enfants, qu'il tient sans cesse en éveil par l'intérêt et la curiosité, ces deux mobiles du progrès dans les premières études.

Il conservera aussi au nouveau petit livre, que nous confions à la sollicitude des mères et des professeurs, le caractère que nous avons essayé de donner à notre *bibliothèque élémentaire*, dont le but est de présenter la science sous une forme dramatique et attrayante, d'associer les efforts du maître et de l'élève, en réservant autant que possible à celui-ci la plus large part d'activité et d'initiative.

Les *petits Musées spéciaux* que l'auteur va successivement publier sont une excellente préparation aux *Enigmes historiques*, rédigées par M. Lévi Alvarès père pour l'enseignement secondaire et supérieur, et présentant par *tableaux* les principaux événements de l'Histoire générale.

PETIT

MUSÉE MYTHOLOGIQUE

1.

Un tableau représente un vieillard aveugle dont le front est ceint d'une couronne surmontée d'étoiles. Sous ses pieds est placé le globe de la terre. Sa main droite porte un sceptre de fer ; sa main gauche repose sur une urne. Trois femmes sont près de lui : l'une semble attendre les ordres du vieillard ; l'autre tient des tables d'airain et un stylet de fer ; la troisième a dans les mains un fuseau.

2.

Un homme approche d'une statue d'argile un rameau qu'il vient de briser ; il s'en échappe une étincelle. La statue, que le feu a pénétrée, semble s'animer d'un souffle de vie.

3.

Une statue qui est dans le jardin des Tuileries représente un homme cloué et enchaîné sur un rocher. Malgré ses souffrances, sa physionomie exprime la fierté et l'audace. A ses pieds est un vautour percé d'une flèche.

4.

Une femme, brillante de jeunesse et de grâce, présente en souriant à un homme qui la regarde avec admiration, une boîte qu'elle semble l'inviter à ouvrir.

5.

Dans un musée, nous trouvons quatre tableaux placés les uns près des autres, comme s'ils appartenaient au même sujet.

1. Le premier représente un paysage délicieux. Les champs sont couverts des plus riches moissons; les arbres succombent sous le poids des fruits. Des ruisseaux promènent dans les prairies des eaux douces et blanches comme le lait. Le printemps doit régner toujours dans ces lieux enchantés. Des hommes, des femmes, des enfants, couchés çà et là dans les gazons fleuris goûtent un repos éternel, car ils doivent tout à la nature et rien au travail.

6.

2. Le deuxième présente des scènes plus animées au milieu d'une nature encore belle, mais qui doit ses richesses aux soins intelligents de l'homme. En effet, de tous les côtés le mouvement, l'activité. Ici des laboureurs préparent la terre ; là des bergers veillent sur leurs troupeaux, ou des ouvriers construisent des demeures rustiques.

Plus loin des jeunes filles et des jeunes garçons se livrent aux jeux et à la danse, doux amusements, récompenses d'un travail utile.

7.

3. Le troisième, au lieu de nous montrer les hommes réunis par le bonheur ou par le travail, nous les présente divisés par la haine et la jalousie. Armés d'instruments d'airain, ils se précipitent les uns sur les autres et cherchent à se donner la mort. D'un côté du tableau, on voit un vieillard qui semble accablé de douleur au spectacle de ces luttes odieuses. De l'autre côté, un petit enfant, tout effrayé, se jette dans les bras de sa mère.

8.

4. Le quatrième est encore plus attristant. Les

hommes, tout-à-fait corrompus, ne mettent plus de frein à leurs désordres. Celui-ci se précipite sur son frère pour l'assassiner; celui-là s'enfuit emportant les trésors qu'il a dérobés. Jupiter, du haut des nuages, semble menacer cette race méchante.

9.

Un vieillard, dont la figure a conservé une jeunesse et une beauté qui surprennent, est prosterné aux pieds d'un roi d'Italie auquel il vient de raconter ses malheurs. Le prince le relève avec bonté, et l'invite à prendre place près de lui sur son trône.

10.

Une femme revêtue d'une longue robe noire marche avec hésitation et comme accablée par la douleur. Près d'elle est un prêtre; il porte une petite provision d'huile, de pain et d'eau. Plusieurs personnes en vêtements de deuil les suivent silencieusement.

11.

Au fond d'une grotte, située dans une île de la Méditerranée, est couché, sur un lit de mousse et de fleurs, un enfant dont les traits sont remarquablement beaux. Il tend ses petits bras vers une jolie chèvre que deux jeunes filles lui amènent en souriant. Près de là, des hommes portant des tambours se préparent à couvrir du bruit de leurs instruments les cris de l'enfant qui leur est confié.

12.

Un tableau représente tout le désordre d'un combat. Des géants soulèvent de leurs bras puissants des montagnes qu'ils entassent comme s'ils voulaient escalader le ciel. Leur bouche vomit des imprécations terribles. Tout à coup les nuages s'entrouvrent, et un dieu, armé de la foudre, précipite ces imprudents ennemis et les ensevelit sous les rochers.

13.

A l'occasion du mariage d'un dieu puissant, une grande solennité a réuni dans l'Olympe toutes les divinités de la terre et du ciel. Au milieu du festin splendide, arrive timidement une nymphe attardée. La nouvelle épouse jette sur elle un regard plein de colère, et, étendant vers l'imprudente une main menaçante, elle la transforme en tortue pour la punir de sa lenteur.

14.

Le sommet d'une célèbre montagne de la Grèce s'élève majestueusement vers les cieux ; au milieu des nuages resplendissants qui le couronnent, apparaissent les habitants de cet empire aérien. Ils ont la forme humaine, et cependant tout annonce en eux une nature supérieure à celle de l'homme. Ils semblent goûter un bonheur parfait. Les uns reçoivent dans des coupes d'or un breuvage embaumé que leur verse une jeune fille d'une éclatante beauté. Les autres s'égayent des saillies moqueuses d'un jeune homme qui tient un masque près de son visage. Deux personnages, un homme et une femme, attirent surtout notre attention. A la majesté de leur maintien, au respect qu'ils inspirent, on reconnaît les souverains de ces lieux de délices.

15.

Un dieu, après avoir roulé neuf jours dans l'espace, tombe dans une île de la mer Egée. Quand il se releva, il était boiteux.

16.

Les flammes entourent de toutes parts les murs

d'un beau palais. Un dieu vient d'allumer l'incendie. Il étend une main menaçante vers un homme qui s'enfuit. O prodige ! cet homme a une tête de loup. Près de là, des serviteurs effrayés jettent les restes d'un festin.

17.

Deux voyageurs entrent dans une pauvre chaumière. Ils sont reçus avec une bienveillante hospitalité par ceux qui l'habitent, un vieillard et sa femme. Les voyageurs, assis à la table qui leur a été préparée, semblent se consulter sur la récompense que mérite la générosité de leurs hôtes.

18.

Un homme et une femme sortent d'un temple. Leur tête est couverte d'un voile ; tout en marchant, ils jettent derrière eux des pierres qu'ils avaient recueillies. Chose étrange ! de chaque pierre tombée naît un homme ou une femme.

19.

Un jeune berger regarde avec admiration trois femmes d'une grande beauté qui sont devant lui.

Elles semblent attendre impatiemment les paroles que va prononcer le pâtre, et jettent des regards inquiets sur une pomme que le jeune homme tient à la main, et sur laquelle on lit ces mots : *A la plus belle !*

20.

Dans une belle campagne de la Grèce est couchée tristement une blanche génisse à l'œil doux et intelligent. Son gardien, ordinairement attentif vient de s'endormir profondément. Un homme, profitant de ce moment, s'approche un glaive à la main.

21.

Un jeune et beau berger, penché vers une fontaine, contemple avec étonnement et admiration les traits de son visage reflétés par le cristal de la source. Près de là une jeune fille semble plongée dans une grande tristesse.

22.

Une pauvre petite caille, longtemps errante au-dessus des flots de la mer qui s'étend entre la Grèce et l'Asie Mineure, voit sortir du sein de l'onde une île hospitalière. Elle s'y dirige à tire-d'ailes.

23.

Une femme épuisée par la fatigue demande à des paysans qui travaillent près d'un marais un peu d'eau pour calmer sa soif; ceux-ci lui refusent durement, et troublent l'eau en y jetant des pierres.

24.

Un homme à la taille noble et fière s'avance, armé d'un arc, vers une sombre caverne. A son approche se dresse un serpent monstrueux ; au moment où il va s'élancer sur celui qui ose le braver, une flèche l'atteint et le renverse.

25.

Sur le sommet d'une montagne de la Phocide, un dieu, dont le front resplendit d'une lumière céleste, fait résonner mélodieusement les cordes de sa lyre. Neuf jeunes femmes l'entourent et semblent recevoir l'inspiration de ces harmonieux accords.

26.

Un char est attelé de quatre coursiers impétueux que trois jeunes filles ont peine à contenir. Un dieu éblouissant de lumière va le guider à travers les régions célestes.

27.

Un char qui roulait tout à l'heure au milieu des nuages vient d'être brisé par la foudre. Son conducteur, précipité des hauteurs du ciel, tombe dans un fleuve d'Italie.

28.

Un homme, après s'être assuré qu'il est bien seul, creuse la terre; et s'agenouillant, il prononce bien bas quelques paroles mystérieuses. Puis, comblant le trou dépositaire de sa confidence, il s'enfuit précipitamment.

29.

Une jeune fille, poursuivie par un dieu, s'enfuit

vers les rives d'un fleuve de la Grèce. Elle tend vers les eaux des mains suppliantes, comme pour leur demander protection. Aussitôt une force irrésistible l'attache à la terre, ses pieds s'allongent en racines profondes, ses mains se transforment en rameaux : elle devient laurier.

30.

Un berger est attaché à un arbre ; son corps est couvert de sang. Les cris que jette ce malheureux ont bientôt attiré près de lui les habitants des campagnes voisines. Ils ne peuvent retenir leurs larmes, en voyant les souffrances de leur compagnon.

31.

Un tableau représente un jeune homme étendu sans vie sur la terre ; le sang jaillit de son front. Un homme remarquable par sa beauté jette loin de lui le palet qu'il tenait dans sa main, et se précipite avec inquiétude vers le blessé.

32.

Un cerf percé d'une flèche vient d'expirer aux

pieds d'un jeune chasseur qui verse des larmes en regardant sa victime.

33.

Un cheval ailé s'élance vers les hauteurs du ciel. En frappant la terre de son pied impétueux, il a fait jaillir une source.

34.

Dans un des temples les plus vénérés de la Grèce, une femme est assise sur un trépied, couvert de la peau d'un serpent, suspendu au-dessus d'un gouffre. Elle se débat dans des convulsions horribles ; sa bouche écumante laisse échapper des mots mal articulés, que des hommes recueillent cependant avec attention.

35.

Un homme est assis sur un dauphin qui le soutient et l'emporte doucement au milieu des flots. Il tient un luth, et les suaves accords qu'il en tire paraissent charmer le monstre marin.

36.

Dans une belle campagne de la Grèce, un prince fait vibrer harmonieusement les cordes d'une lyre d'or. O prodige ! les pierres, attirées par la mélodie, viennent se placer d'elles-mêmes les unes sur les autres. Une ville s'élève !

37.

Dans une contrée du nord de la Grèce, près des rives d'un fleuve célèbre, un homme, dont la figure exprime la mélancolie, chante, en s'accompagnant sur le luth, ses malheurs et sa tristesse. Tout à coup des femmes vêtues de peaux de tigre se précipitent sur lui, déchirent son corps, et jettent dans le fleuve ses membres dispersés.

38.

Un jeune chasseur s'est attiré la colère d'une déesse puissante. Effrayé, il s'enfuit dans les bois, poussant devant lui sa meute fidèle. Mais bientôt, malgré lui, sa course est plus rapide ; il s'élance en bondissant à travers la campagne ; ce n'est plus un homme, c'est un cerf. Ses chiens se jettent sur lui et le déchirent.

39.

Quel horrible spectacle ! Dans une plaine voisine de Thèbes, des jeunes gens, des jeunes filles sont étendus sur la terre, le cœur percé de flèches. Au milieu de ces corps inanimés, une femme, les yeux fixés vers la terre, semble accablée par la douleur.

40.

Un jeune homme d'une taille élevée et d'une beauté remarquable jette ses filets dans la mer, lorsqu'une flèche lancée par une main invisible le blesse mortellement.

41.

Un bélier s'élève dans les airs, il emporte sur sa toison d'or un jeune prince et sa sœur. N'êtes-vous pas, comme moi, bien inquiets, sur le sort de nos voyageurs ?

42.

Un taureau s'élance dans la mer portant sur, son dos une princesse belle comme une déesse. Il s'avance à travers les flots, tout fier de son précieux fardeau.

43.

Un dieu armé d'une hache frappe d'un bras vigoureux la tête de son père. Du crâne qui s'entr'ouvre, s'élance une jeune fille armée de pied en cap.

44.

Près d'une ville de Grèce nouvellement construite, une femme tient d'une main une lance, de l'autre une branche d'olivier qu'elle élève vers les cieux. Son maintien est noble et fier ; dans ses yeux brille la joie du triomphe. Un homme armé d'un trident la regarde d'un air jaloux.

45.

Deux jeunes femmes sont occupées à confectionner un ouvrage de tapisserie. L'une d'elles, d'une beauté sévère, jette un regard jaloux sur la broderie de sa compagne et semble irritée de l'habileté dont elle fait preuve. Aux pieds de cette femme on voit un casque et un bouclier.

46.

Une jeune femme tire d'une flûte des sons harmonieux. Deux femmes qui l'écoutent ne peuvent s'empêcher de rire en voyant la bouche un peu grimaçante de la belle musicienne.

47.

Un jeune homme á l'air leste, à la physionomie souriante, s'élance dans les airs ; il a des ailes aux pieds, aux épaules, à la coiffe ronde qui couvre sa tête. Il tient à la main une baguette où sont entrelacés deux serpents.

48.

Un tableau représente une campagne fertile de la Grèce. De belles génisses paissent l'herbe fleurie. Leur berger, remarquable par sa beauté, assis sous le feuillage, fait retentir les échos des chants les plus doux. Un jeune enfant à l'air malin, profitant de ce moment, s'approche du troupeau qu'il disperse dans la plaine.

49.

Dans un palais que l'incendie va dévorer, une femme tenant dans ses bras un petit enfant court éperdue au milieu des débris fumants. Le maître des dieux a entendu ses cris ; son messager aux ailes blanches se précipite au secours de la pauvre mère.

50.

Une statue représente un guerrier à l'air menaçant. Il tient un bouclier. Près de lui est un coq.

51.

Trois jeunes sœurs d'une égale beauté dansent en se donnant la main. Un enfant aux ailes légères voltige autour d'elles et leur jette des fleurs.

52.

Une jeune femme est agenouillée près d'une potite fleur ; c'est, je crois, une anémone. Elle l'arrose de ses larmes, et semble confier à la plante sa douleur et ses regrets.

53.

Une statue représente une femme assise dans un char traîné par quatre lions. Elle tient d'une main un tambour, et de l'autre une clé. Des hommes dansent autour de cette statue au bruit des tambours et des cymbales.

54.

Sur un char entraîné avec vitesse par quatre chevaux noirs, un homme, dont le front est ceint d'une couronne d'ébène, tient dans ses bras une jeune fille éplorée. C'est en vain qu'elle essaye d'échapper à son ravisseur ; c'est inutilement qu'elle tend des mains suppliantes vers sa compagne bien-aimée, elle fuit sa mère et sa patrie.

55.

Un jeune enfant poursuit de son rire moqueur une femme qui, pressée par la faim, mange avec avidité de la bouillie. Notre petit railleur n'aura-t-il pas lieu de se repentir ?

56.

Une déesse éplorée vient se jeter aux pieds du maître des dieux. Elle lui demande sa fille, qui lui a été indignement ravie.

57.

Quel est ce vieillard aveugle et boiteux qui s'avance lentement, une bourse à la main ?

58.

Une multitude d'hommes et de femmes, armés de baguettes entourées de pampre, se précipitent à la suite d'un char traîné par des tigres, en faisant retentir les airs du bruit des tambours et des cymbales. Sur ce char est assis triomphalement un grotesque personnage ; sa tête est ornée de grappes de raisin ; dans sa main est une coupe pleine de vin, qu'il offre en riant à son fidèle compagnon, gros homme à la mine enjouée et rubiconde, qui se soutient à peine sur un âne, sa monture habituelle. Où va cette vaillante troupe ?

59.

Jamais table fut-elle plus splendidement servie ? Voyez ces fruits exquis, ces viandes appétissantes, ces liqueurs qui brillent dans le cristal. Ne vous étonnez pas: c'est le repas d'un roi, et d'un roi qui a faim. Le voilà qui approche. O miracle ! chaque mets qu'il touche se convertit en or ; il est menacé de mourir d'inanition au milieu de l'abondance. D'où vient ce prodige? Et que va faire le prince ?

60.

Trois jeunes princesses dédaignant de se mêler à des fêtes licencieuses célébrées en l'honneur d'une divinité vénérée, restent à broder dans leur palais pendant que la ville retentit du bruit des réjouissances. Mais le dieu, irrité de l'outrage que lui font ces jeunes filles, les change en... devinez ?

61.

Dans les profondeurs d'une montagne de Sicile, on entend le bruit des marteaux. A la lueur des foyers ardents où se fondent le fer et l'airain, on aperçoit des forgerons géants. Leur figure est dure et repoussante ; un seul œil est ouvert au milieu de leur front. Ils frappent de leurs bras vigoureux les enclumes où se préparent les armes du roi des dieux et des hommes. Tout à coup, au retentissement des marteaux succèdent des cris de douleur et de rage : des flèches, dirigées par une main invisible, percent au cœur les géants qui meurent sans pouvoir se défendre.

62.

On célèbre, près d'une ville de Grèce, les fêtes en l'honneur d'un dieu en grande vénération dans le pays. Les courses à pied excitent surtout l'attention de la foule. Cet exercice offre en effet un attrait particulier : les coureurs se passent de main en main un flambeau qui ne doit pas s'éteindre.

63.

Dans une des vallées de la fertile Arcadie, des jeunes filles se livrent aux jeux et aux danses. Elles s'élancent, gracieuses et légères, au milieu des fleurs; leurs pieds touchent à peine les gazons; leurs voix, pleines de douceur, leurs rires éclatants, font retentir les échos de la campagne. Tout à coup, au milieu de cet essaim charmant, apparaissent des monstres, moitié hommes et moitié boucs; sur un signe de leur chef, personnage aux longues cornes, qui tient à la main une flûte à sept tuyaux, ils poursuivent la troupe joyeuse des jeunes filles. Elles s'enfuient en poussant des cris de terreur: celles-ci courent dans les vallées et les montagnes; celles-là disparaissent à travers les forêts.

64.

Des bergers revêtus de leurs plus beaux habits, après avoir offert à la divinité qui protége leurs pâturages du lait, du miel et des gâteaux de maïs ou de froment, dansent en s'accompagnant de cymbales et de tambours.

65.

Un tableau représente une jeune femme brillante de fraîcheur et de jeunesse; à ses pieds sont des roses et des lis. Elle tient une corne d'abondance d'où s'échappent des fruits et des fleurs.

66.

Une jeune femme est occupée à remplir une corbeille de fleurs et de fruits. Une vieille femme qui l'aide dans ce travail jette sur elle des regards pleins de tendresse.

67.

On célèbre dans une ville d'Italie des fêtes en l'honneur d'un dieu du pays. Les bornes des rues, des routes, des champs, sont ornées de guirlandes et de fleurs; elles sont arrosées de lait et teintes du sang des victimes.

68.

Un homme est couché sur le rivage; il tient d'une main un trident, de l'autre il incline une urne immense d'où s'échappent de vastes nappes d'eau. Près de lui est une femme qui est entourée de plusieurs jeunes filles aux yeux bleus et aux cheveux couleur des flots.

69.

Au milieu d'une fête joyeuse se présente une

femme à l'air menaçant. Elle jette sur la table du festin une pomme sur laquelle il y a écrit ces mots: *A la plus belle.*

70.

Dans une coquille marine, traînée sur des roues d'or par quatre coursiers marins, s'avancent, au milieu des flots, les souverains de l'empire liquide. Des monstres moitié hommes et moitié poissons marchent en avant, et tirent de leurs conques recourbées des sons retentissants. On voit alors, accourir de toutes parts, les habitants de la mer, qui viennent rendre hommage à leurs maîtres.

71.

Un jeune berger tient enchaîné sur le rivage un homme qui semble vouloir, par un dernier effort, échapper à son vainqueur. Celui-ci, redoublant de force et d'adresse, écoute avec attention les paroles que son adversaire profère comme malgré lui.

72.

Un vaisseau s'est engagé dans un détroit dangereux. Les matelots jettent des regards inquiets sur deux rochers contre lesquels la mer se brise avec fureur

73.

Sur la mer qui baigne les côtes méridionales de l'Italie, quel est ce vaisseau poussé par les vents ? Les marins qui le montent le dirigent avec habileté et courage à travers les précipices, et cependant ils semblent inquiets. Un homme attaché à un des mâts indique du geste la route qu'on doit tenir. Quel est cet homme ? est-ce un chef ? est-ce un captif ?

74.

Dans une des petites îles du nord de la Sicile, à l'entrée d'une caverne profonde, un homme promène ses regards sur le vaste horizon de la mer. Quatre personnages sont près de lui et semblent attendre ses ordres : l'un est un jeune homme fort et agile ; l'autre est un vieillard à la physionomie austère ; le troisième, pâle et triste, grelotte sous son manteau; le dernier, jeune, beau, couronné de fleurs, semble léger comme le papillon dont il porte les ailes.

75.

Un jeune chasseur, par une fatale méprise, vient

de frapper d'un coup mortel sa compagne bien-aimée; il va, dans sa douleur, se percer du javelot homicide, quand tout à coup paraît près de lui une jeune femme brillante de beauté et de jeunesse ; elle retient le bras du malheureux chasseur.

76.

Dans un triste palais, gardé par un monstre à trois têtes, siége sur un trône d'ébène un roi, l'effroi des mortels. Il tient dans sa main droite un sceptre à deux pointes et dans la gauche une clé. Près de lui est une femme couronnée de pavots. Ce sont les souverains du plus sombre empire. A leurs pieds se tiennent leurs redoutables ministres : là, trois vieillards aux fronts sévères ; ici des femmes dont la tête est entourée de serpents : elles portent d'une main une torche enflammée et de l'autre un fouet de couleuvres. Plus loin, trois sœurs sont occupées au même travail : l'une tient la quenouille, l'autre le fil de laine, la dernière tient les ciseaux. Enfin, près d'elles est une femme à l'air menaçant : elle a dans la main un flambeau ; sur sa tête se dressent des serpents. Dans le lointain on aperçoit les sinuosités d'un fleuve ; une barque, conduite par un vieillard, glisse silencieusement sur les eaux.

77.

Nos frères parcourent librement les plus belles contrées de la terre ; ils portent chez les peuples qu'ils visitent la fécondité, la richesse, le bonheur. Nous, au contraire, nous sommes les tristes habitants de régions désolées par la souffrance et la mort.

78.

Un homme roule vers le sommet d'une montagne un énorme rocher. Après de longs et pénibles efforts, il croit enfin toucher au but : vain espoir ! la pierre retombe, attirée par une force irrésistible.

79.

Un homme est étendu sous un rocher qui menace de l'écraser dans sa chute, et lui inspire un éternel effroi.

80.

D'après les ordres d'un maître puissant, un coupable est attaché sur une roue qui l'entraînera dans son mouvement éternel.

81.

Au pied d'un arbre chargé de fruits, près d'un ruisseau limpide, un homme, dont la physionomie exprime la douleur et le désespoir, se penche vers les eaux pour apaiser la soif qui le brûle. Mais, hélas ! l'onde semble fuir ses lèvres avides.

82.

Quelles sont ces jeunes filles qui s'efforcent de remplir un tonneau d'une eau qui, s'écoulant toujours, rendra leur tâche interminable?

83.

Un tableau représente les cérémonies funéraires en usage chez les anciens. Que fait donc cet homme? Il est près du mort et lui soulève la langue.

84.

Un tableau allégorique représente la confusion d'un combat. Deux femmes se précipitent au milieu du carnage; elles excitent les guerriers de la voix et du geste. L'une, les cheveux épars, frappe de son fouet ensanglanté ; l'autre agite une torche enflammée.

Deux autres femmes, aux ailes déployées, planent au-dessus de cette lutte et semblent en attendre l'issue; celle-ci tient une trompette, celle-là une couronne d'olivier et de laurier. Elles regardent avec inquiétude un autre personnage. Ce dernier a un bandeau sur les yeux; un de ses pieds pose sur une roue.

85.

Un homme est endormi sur un lit de feuillage. Trois enfants agitent des pavots au-dessus de sa tête. Un jeune homme qui porte des ailes de papillon semble leur recommander le silence.

86.

Une statue représente un jeune homme dont la physionomie est sérieuse. Il met un doigt sur sa bouche.

87.

Une statue représente une jeune fille tenant d'une main une balance et de l'autre une épée.

88.

Une statue représente un homme dont la barbe est longue et épaisse; il tient à la main un bâton entouré d'un serpent; un coq est placé près de lui.

89.

Un jeune homme tient dans ses mains des herbes et des fleurs. Il les regarde avec attention, tout en écoutant les conseils d'un personnage qui est près de lui. Ce dernier est un monstre moitié homme et moitié cheval.

90.

Une jeune femme, une lampe à la main, s'avance avec précaution vers un lit où repose un enfant dont les épaules portent des ailes légères. Près de lui on voit un arc et des flèches.

91.

Deux serpents se sont glissés dans un berceau près duquel une femme s'est endormie. Ils enlacent de leurs anneaux redoutables le corps du jeune enfant qui y repose. Mais celui-ci se réveille ; et saisissant les monstres entre ses bras déjà vigoureux, il les étouffe sans peine.

92.

Un jeune homme que la colère transporte menace d'une lyre qu'il tient à la main un personnage assis près de lui. Un monstre, moitié homme et moitié cheval, s'élance pour arrêter le bras qui va frapper.

93.

Dans un même cadre, sont réunis les douze petits tableaux suivants.

1. Un jeune héros vient d'étouffer entre ses bras puissants un lion redoutable. Il s'occupe à le dépouiller ; sa peau lui servira de vêtement.

94.

2. Un monstre affreux est tombé sous les coups d'un héros redouté. Celui-ci, s'appuyant d'une main sur son arc, tient de l'autre ses flèches qu'il trempe dans le sang noir et empoisonné qui s'écoule des blessures de sa victime.

95.

3. Une biche aux cornes d'or et aux pieds d'airain s'enfuit rapidement dans la campagne ; un homme s'élance à sa poursuite.

96.

4. Un homme dont le maintien exprime la force et l'audace se présente devant un roi; et, montrant le cadavre sanglant d'un formidable sanglier qu'il vient de jeter à ses pieds, il semble dire : Seigneur, es-tu content !

97.

5. Un homme armé d'un arc poursuit de ses flèches des oiseaux monstrueux dont les ailes sont de fer.

98.

6. Un taureau furieux se précipite vers un homme qui l'attend avec courage. Il saisit l'animal par les cornes et le renverse.

99.

7. Au milieu d'une campagne qui rappelle les sites pittoresques du Péloponèse, un fleuve, après avoir promené longtemps ses eaux tranquilles, quitte brusquement son cours et se précipite en torrent dans un lit nouveau. Un homme contemple avec orgueil cette scène imposante et semble se dire : J'ai su dompter la nature elle-même.

100.

8. Deux héros se défendent contre toute une armée : il est vrai qu'elle est composée de femmes ; mais elles combattent avec le plus grand courage. Une d'elles, qui semble leur commander, les excite par son exemple et ses paroles.

101.

9. Un héros, couvert d'une peau de lion, armé d'une massue, soutient une lutte acharnée. Il a pour adversaires un géant à trois corps et un chien à deux têtes.

102.

10. Un héros vient de combattre et de renver-

ser un tyran odieux. Il le saisit et le jette en pâture à ses propres chevaux, monstres qui se nourrissent de chair humaine.

103.

11. Dans un jardin magnifique, un géant s'approche avec précaution d'un arbre qui porte des pommes d'or. Au pied de cet arbre dort un énorme serpent ailé.

104.

12. Un homme tient enchaîné un monstre à trois têtes ; il l'entraîne malgré sa résistance.

105.

Un héros, après un long combat livré contre un géant redoutable, s'est endormi sur le sable. Un peuple de nains profite de son sommeil pour essayer de le faire prisonnier. On escalade ses bras, ses jambes; on assiége sa tête ; on dirige des flèches vers sa poitrine. Le héros se réveille et rit des efforts de ses terribles ennemis. Il enveloppe la petite armée dans sa peau de lion et l'emporte sous son bras.

106.

Un voyageur infatigable, après avoir exploré de

lointains pays et accompli les plus glorieux exploits, atteint les rivages qui baignent l'Océan. Obligé d'arrêter là ses courses victorieuses, il élève une colonne où il grave une inscription qui éternisera le souvenir de son hardi voyage.

107.

Sur les bords d'un fleuve de la Grèce, un monstre, moitié homme et moitié cheval, s'enfuit rapidement, emportant sur son dos une jeune et belle princesse. Tout à coup une flèche, partie de la rive opposée, atteint le ravisseur, qui tombe mortellement blessé.

108.

Sur un rocher que la mer Egée bat de ses flots écumants, est attachée une jeune princesse qu'un oracle a vouée à la mort. En effet, un monstre, la gueule béante s'avance vers la malheureuse victime. Il allait se jeter sur sa proie, lorsqu'un héros, renommé par sa force et son courage, se précipite sur lui et le tue. Ce dévouement aura-t-il sa récompense ?

109.

Est-ce bien lui que nous avons vu armé de la

lourde massue et de l'arc redoutable? Regardez-le ; il a revêtu ses larges épaules d'une tunique de femme ; ses mains victorieuses tiennent une quenouille et des fuseaux. Près de lui, une femme rit de son embarras et le soufflette avec sa pantoufle, chaque fois qu'il brise ou qu'il mêle les fils de laine.

110.

Au sommet d'une célèbre montagne de la Grèce, un homme est étendu sur un bûcher que le feu commence à consumer. Ses traits sont contractés par la douleur. D'une main, il essaie d'arracher la tunique qui le couvre ; de l'autre, il présente un arc et des flèches à un homme qui les reçoit en pleurant.

111.

Un pêcheur d'une des îles de la mer Egée vient de sauver et de recueillir une jeune femme et son fils, que la tempête avait jetés sur le rivage. Il les présente au roi du pays, qui les reçoit avec bonté. Il relève la pauvre mère qui s'était prosternée à ses pieds, et semble lui dire : Ne craignez rien, j'adopte votre enfant.

112.

Un guerrier, armé d'une épée de diamant, protégé par un bouclier aussi poli qu'un miroir, pénètre dans la retraite d'un monstre redoutable. Il avance, en détournant la tête et les yeux fixés sur son bouclier, comme s'il craignait la vue même de l'ennemi qu'il va combattre.

113.

Des hommes armés se précipitent vers une femme dont ils veulent s'emparer. Un héros s'élance à leur rencontre et les arrête, en leur présentant une tête hérissée de serpents.

114.

Un jeune homme, qui s'exerce au jeu du palet, vient de lancer vigoureusement le disque qu'il tenait à la main : il part et va frapper mortellement un vieillard assis parmi les spectateurs.

115.

Un guerrier, monté sur un cheval ailé, se précipite, la lance à la main, sur un monstre qu'il frappe et tue.

116.

Un enfant, armé d'une lance, s'avance, avec hardiesse, vers la peau d'un lion qu'il prend pour l'animal lui-même. Dans le fond du tableau, un homme paraît étonné d'un courage si précoce.

117.

Deux hommes, dont les épaules portent des ailes, se sont élevés dans les airs. L'un d'eux est un vieillard. Il montre du doigt à son compagnon le soleil qui vient de paraître à l'horizon.

118.

Un guerrier, l'épée à la main, va pénétrer dans un vaste palais. Une jeune femme s'approche de lui ; d'une main, elle lui remet un peloton de fil : de l'autre elle lui indique le chemin à suivre.

119.

Sur le rivage d'une contrée de la Grèce, un homme

suit, d'un regard inquiet, un vaisseau qui se montre à l'horizon. Tout à coup, il jette un cri de désespoir et se précipite dans la mer.

120.

Des guerriers célèbrent par un joyeux festin les noces de leur roi, lorsque tout à coup des monstres moitié hommes et moitié chevaux se précipitent sur eux et les forcent au combat.

121.

A l'entrée d'une caverne est assis sur un rocher, un géant dont le visage est contracté par la douleur. Il touche de ses mains les moutons qui sortent de la caverne pour entrer dans la plaine, comme s'il voulait s'assurer qu'eux seuls quittent sa demeure. Sous le ventre de chaque bélier qui passe, un homme se tient suspendu à l'épaisse toison et trompe ainsi la surveillance du monstrueux berger.

122.

Une femme est près d'un fleuve ; elle tient un

petit enfant par un de ses talons et le plonge plusieurs fois dans les eaux.

123.

Un jeune homme, dont l'attitude exprime le courage, est devant un monstre et semble écouter avec attention les paroles qu'il prononce. Ce monstre a la tête d'une jeune fille, le corps d'un chien et les ailes d'un aigle.

124.

Un guerrier, guidé par une jeune femme, s'approche d'un chêne, et prend une toison d'or qui y est suspendue.

STATUES PRINCIPALES

des jardins

DE VERSAILLES ET DES TUILERIES

Représentant des sujets mythologiques

JARDIN DES TUILERIES

Dans l'allée qui longe le Palais.

1.

Un homme joue de la flûte ; à ses pieds est une flûte à sept tuyaux.

2.

Une jeune fille caresse une colombe.

3.

Une jeune femme tient un carquois ; près d'elle est un enfant qui porte un arc.

4.

Une femme couronnée de fleurs; près d'elle un jeune homme qui porte des ailes de papillon.

5.

Une jeune femme s'appuie sur le tronc d'un arbuste.

Grande allée des Orangers.

6.

Un homme couvert d'une peau de lion tient une massue.

7.

Un jeune homme s'appuie sur une lance; à ses pieds est un chien qui tient entre ses pattes une hure de sanglier.

Allées transversales donnant sur celle des Orangers.

8.

Un homme lutte contre un monstre qui a un corps d'homme et une tête de taureau.

9.

Un homme est attaché sur un rocher ; près de lui est un vautour percé d'une flèche.

10.

Une femme se métamorphose en arbre; ses pieds s'allongent en racines, ses mains en rameaux.

11.

Un homme se transforme en rocher; déjà ses pieds attachés au sol ont la dureté de la pierre.

12.

Un homme, dont les épaules portent des ailes, enlève une jeune femme.

Sous les grands arbres et à la lisière des massifs.

13.

Deux statues représentent un jeune homme et une jeune fille luttant de vitesse à la course.

14.

Une statue représente un monstre moitié homme et moitié cheval.

15.

Deux jeunes gens sont près l'un de l'autre. Ils entrelacent leurs bras comme pour montrer qu'une étroite amitié les unit.

16.

Une femme, couronnée d'épis et de fleurs, tient d'une main une faucille et de l'autre une gerbe de blé.

17.

Un homme tient d'une main un masque, et de l'autre soulève le voile qui flotte sur sa tête.

18.

Une femme, couronnée de fleurs, porte une corbeille remplie de fleurs et de fruits.

19.

Un vieillard réchauffe ses mains aux flammes d'un brasier.

20.

Un homme, couronné d'un pampre, tient dans ses bras un petit enfant.

21.

Un jeune homme, dans l'attitude de la danse, tient des cymbales à la main.

22.

Un jeune homme, couvert d'une peau de bouc, appuie son bras sur un cep de vigne.

23.

Une femme, appuyée sur une colonne, tient un masque à la main.

Sur les deux pilastres de l'entrée donnant sur la place de la Concorde.

24.

Une femme est montée sur un cheval ailé. Elle est couronnée de laurier ; elle tient d'une main une trompette et de l'autre une branche de laurier.

25.

Un jeune homme, qui a des ailes aux talons et au bonnet qui le coiffe, tient par la bride un cheval ailé sur lequel il est assis. Au pied du cheval on voit des trophées.

PRINCIPALES STATUES

DU

PARC DE VERSAILLES

Perron de la Grande Terrasse, au pied du Château.

1.

Un jeune homme d'une main soutient sa tête, et de l'autre s'appuie sur un cep de vigne.

2.

Un homme porte sur l'épaule un petit manteau ; il vient de lancer une flèche.

3.

Un jeune homme dans l'attitude du repos ; il est remarquable par la régularité de ses traits.

4.

Un homme, couronné de pampres, tient un petit enfant dans ses bras.

Allées latérales qui conduisent au Tapis-Vert.— Allée de droite.

5.

Une jeune femme, dont le pied s'appuie sur un dauphin, soutient une urne penchée.

6.

Une jeune fille porte une corbeille de fleurs.

7.

Une jeune femme porte sur son front une étoile. A ses pieds est un coq.

8.

Une jeune femme tient une lyre à la main.

9.

Une femme porte un brasier. Un de ses pieds s'appuie sur une salamandre.

10.

Un homme, appuyé sur un cep de vigne, tient un enfant dans ses bras.

11.

Un jeune homme soutient un manteau de sa main gauche.

12.

Un jeune homme est coiffé d'un bonnet garni d'ailes ; il tient une bourse à la main.

13.

Une femme, vêtue d'une longue tunique, tient une lunette.

Allée de droite.

14.

Une jeune femme a près d'elle un petit enfant ailé.

15.

Une femme porte un carquois. Elle a près d'elle un lévrier.

16.

Une femme, vêtue d'une tunique, a dans la main une gerbe.

17.

Un homme s'appuie sur une massue; il tient des pommes dans sa main gauche.

18.

Un jeune homme, près de lui est un aigle.

Allées qui longent le Tapis Vert. — A droite.

19.

Un homme et des enfants attaqués par des serpents.

20.

Une femme tient un masque; à ses pieds est un renard.

21.

Une jeune femme, vêtue d'une longue tunique, tient un sceptre à la main.

22.

Un jeune homme a près de lui un cerf qu'il retient avec une guirlande de fleurs.

23.

Une femme tient une coupe à la main ; près d'elle est une urne funéraire.

24.

Un homme paraît avoir succombé dans une lutte; son vainqueur l'enchaîne à un rocher.

A gauche.

25.

Une femme tient à la main un cœur. Près d'elle est un petit chien.

26.

Un jeune homme porte une biche sur ses épaules.

27.

Une femme est placée sur un bûcher.

28.

Une femme est armée d'un arc.

29.

Un jeune homme est couvert d'une tunique de femme; sa tête est couverte d'un casque; son bras armé d'un glaive.

30.

Une femme va se précipiter d'un rocher; un jeune homme semble vouloir la retenir.

Bassins.

31.

Une femme tient dans ses bras un petit enfant; elle semble implorer la protection du ciel.

32.

Un homme sur un char traîné par quatre chevaux; près de lui sont quatre tritons et quatre dauphins.

33.

Un géant est à demi-enseveli sous des fragments de rochers.

34.

Une femme gracieusement couchée, est entourée d'enfants tenant des guirlandes de fleurs.

35.

Dans une grande conque marine est assis un homme armé d'un trident; près de lui est une femme.

Bosquets.

36.

Un dieu est entouré de six jeunes filles empressées à le servir.

A droite et à gauche on voit deux groupes représentant quatre chevaux tenus par des tritons.

37.

Un homme, le front ceint d'une couronne, tient dans ses bras une femme éplorée; une jeune fille est tombée aux pieds du ravisseur.

TABLES

---

17. Jupiter et Mercure chez Philémon et Baucis.
18. Deucalion et Pyrrha.
19. Le jugement de Pâris.
20. Argus, gardien de la nymphe Io, tué par Mercure.
21. Echo et Narcisse.
22. Latone poursuivie par Junon.
23. *Idem.*
24. Apollon et le serpent Python.
25. Apollon et les neuf Muses.
26. Phébus guidant le char du Soleil.
27. Phaëton.
28. Le barbier du roi Midas.
29. Daphné et Apollon.
30. Marsyas.
31. Hyacinthe et Apollon
32. Cyparisse.
33. Pégase.
34. La Pythie.
35. Arion.
36. Amphion.
37. La mort d'Orphée.
38. Actéon.
39. Niobé.
40. Orion.
41. Phryxus et Hellé.
42. Europe.
43. Naissance de Minerve.
44. Fondation d'Athènes.
45. Arachné.

46. Minerve jouant de la flûte devant Junon.
47. Mercure.
48. Apollon et Mercure.
49. Sémélé.
50. Mars.
51. Les Grâces et Cupidon.
52. Adonis et Vénus.
53. Cybèle et les Corybantes.
54. Enlèvement de Proserpine.
55. Stellio.
56. Cérès implorant Jupiter.
57. Plutus.
58. Bacchus et Silène allant à la conquête des Indes
59. Midas.
60. Les filles de Minée.
61. Apollon et les Cyclopes.
62. Les Lampadophores.
63. Pan, les Satyres et les Nymphes.
64. Les Palilies, fêtes en l'honneur de Palès.
65. Flore.
66. Pomone et Vertumne.
67. Les Terminales, fêtes en l'honneur du dieu Terme.
68. Océan, Téthys et les Océanides.
69. La Discorde.
70. Neptune et Amphitrite.
71. Protée et le berger Aristée.
72. Ulysse.
73. Ulysse échappe aux Sirènes.
74. Éole et les vents principaux.

75. Céphale, Procris et l'Aurore.
76. Les Enfers, Pluton, Proserpine, Cerbère, les Juges, les Furies, les Parques, Némésis, l'Achéron, Caron.
77. Les cinq fleuves des Enfers : l'Achéron, le Cocyte, le Styx, le Phlégéthon, le Léthé.
78. Sisyphe.
79. Phlégias.
80. Ixion.
81. Tantale.
82. Les Danïades.
83. Obole des morts.
84. Bellone, la Discorde, la Renommée et la Fortune.
85. Le Sommeil, les Songes et Morphée.
86. Harpocrate.
87. La Justice.
88. Esculape.
89. Achille et le centaure Chiron.
90. Psyché et l'Amour.
91. Hercule enfant.
92. Hercule, Linus et Chiron.
93. Hercule tuant le lion de Némée.
94. Hercule trempant ses flèches dans le sang de l'hydre de Lerne.
95. Hercule poursuit la biche aux cornes d'or en Arcadie.
96. Hercule apporte à Eurysthée le sanglier d'Erymanthe.
97. Hercule perce de ses flèches les oiseaux du lac Stymphale.
98. Hercule dompte le taureau de Crète.
99. Hercule détourne l'Alphée pour nettoyer les écuries d'Augias.

100. Hercule et Thésée combattent les Amazones.
101. Hercule combat le géant Géryon.
102. Hercule triomphe de Diomède.
103. Atlas cueille pour Hercule les pommes d'or du jardin des Hespérides.
104. Hercule enchaîne Cerbère.
105. Hercule, après son combat avec Antée, est attaqué par les Pygmées.
106. Hercule arrive aux limites de l'Europe et de l'Afrique.
107. Le centaure Nessus enlevant Déjanire.
108. Hercule délivrant Hésione.
109. Hercule esclave d'Omphale.
110. La mort d'Hercule.
111. Danaé et son fils Persée accueillis par Polydecte roi de l'île de Sériphe.
112. Persée combattant Méduse.
113. Phinée et ses compagnons pétrifiés par Persée.
114. Persée tue son grand-père Acrisius.
115. Bellérophon, monté sur Pégase, combat la Chimère.
116. Thésée enfant s'arme contre la peau du lion de Némée.
117. Dédale et Icare.
118. Ariane guide Thésée dans le labyrinthe de Crète.
119. La mort d'Egée.
120. Combat des Centaures et des Lapithes.
121. Le cyclope Polyphème et Ulysse.
122. Thétis et Achille.
123. Œdipe et le Sphynx.
124. Jason et Médée.

STATUES

du Jardin des Tuileries.

1. Faune flûteur.
2. Nymphe de la chasse.
3. *Idem.*
4. Flore et Zéphyre.
5. Hamadryade.
6. Hercule.
7. Méléagre.
8. Thésée combattant le Minotaure.
9. Prométhée.
10. Phaétuse, une des Héliades, sœur de Phaéton.
11. Atlas métamorphosé en rocher.
12. Enlèvement d'Orithnye par Borée.
13. Hippomène et Atalante.
14. Un Centaure.
15. Castor et Pollux.
16. L'Eté.
17. Le Printemps.
18. L'Automne.
19. L'Hiver.
20. Bacchus jeune.
21. Un Faune.
22. Bacchus jeune.
23. Thalie.
24. La Renommée.
25. Mercure.

PRINCIPALES STATUES

du Parc de Versailles.

1. Bacchus.
2. Apollon.
3. Antinoüs.
4. Silène et Bacchus enfant.
5. L'Eau.
6. Le Printemps.
7. Le Point du Jour.
8. Polymnie.
9. Le Feu.
10. Silène et Bacchus.
11. Antinoüs.
12. Mercure.
13. Uranie.
14. Vénus et Cupidon.
15. Diane.
16. Faustine, femme d'Antonin le Pieux, sous la figure de Cérès.
17. Hercule.
18. Ganymède et Jupiter sous la forme d'un aigle.
19. Laocoon et ses Fils.
20. La Fourberie.
21. Junon.
22. Cyparisse.
23. Artémise.

24. Protée et Aristée.
25. La Fidélité.
26. Un Faune chasseur.
27. Didon.
28. Une Amazone.
29. Achille sous l'habit de Pyrrha.
30. Ino et Mélicerte.
31. Latone (Bassin de).
32. Apollon (Bassin d').
33. Encelade (Bassin d').
34. Flore (Bassin de).
35. Neptune et Amphitrite (Bassin de).
36. Apollon et les Nymphes (Bosquet d').
37. Pluton, Proserpine et Cyane.

VERSAILLES. — IMPRIMERIE CERF ET FILS, 59, RUE DU PLESSIS.

www.ingramcontent.com/pod-product-compliance
Ingram Content Group UK Ltd.
Pitfield, Milton Keynes, MK11 3LW, UK
UKHW022134190726
13855UKWH00003B/1155